Dorothée Bleker

Tierisch liebe Grüße

für ....

von ....

Ich hab gerade
an dich gedacht

und schick dir
tierisch liebe Grüße!

Wir haben uns **so lange** nicht gesehen…

Ohne dich
ist's zum Gähnen
langweilig.

Ohne dich
ist's zum Gähnen
langweilig.

Ich schick dir **Fröhlichkeit** und *gute Laune...*

Wo du bist,
da tanzt der Bär!

Die Welt kommt mir so leer vor,

Ich bin so allein ...

Mit dir zusammen
   würd's viel besser
schmecken!

Ich schick dir
meine Unterstützung,

wenn du
in der Klemme
steckst...

Du sollst wissen,

dass du

auf mich zählen

kannst!

Ich schick dir
bärig gute Wünsche,

damit du trocken
ans andere Ufer kommst.

Ich wünsche dir,
dass dir das Glück
öfter mal

von alleine zufliegt.

Ich schick dir den allerschönsten
Sonnenuntergang

... und denk dabei
ganz fest an dich!

Auf dich zu warten lohnt sich immer!

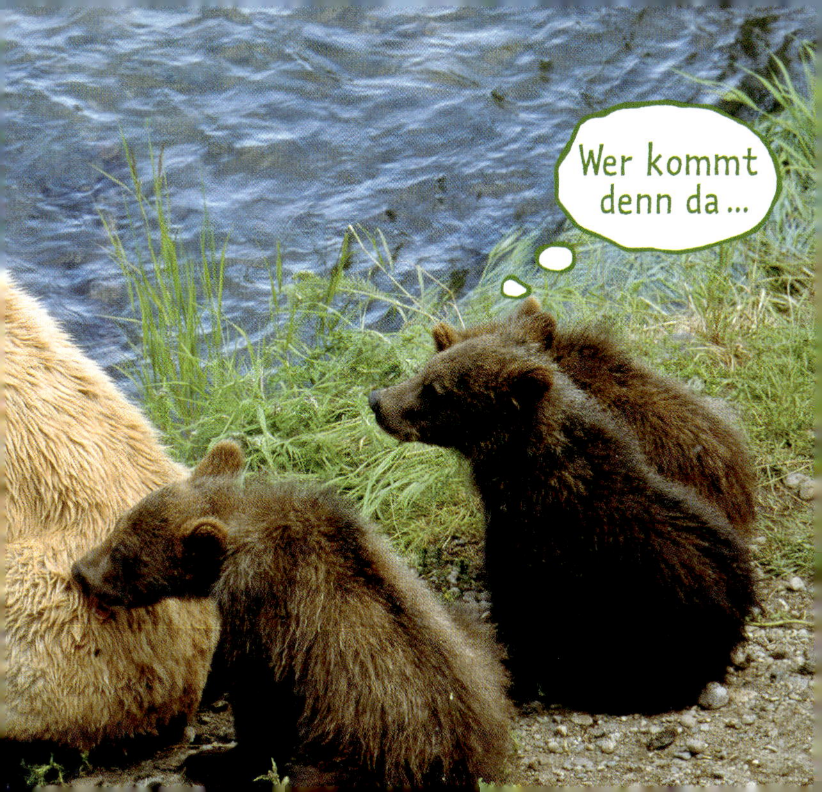
Wer kommt denn da ...

Ich freu mich,
wenn du bei mir
auftauchst.

Hallihallo!

Ich könnte Purzelbäume vor Freude schlagen, wenn wir uns wiedersehen!

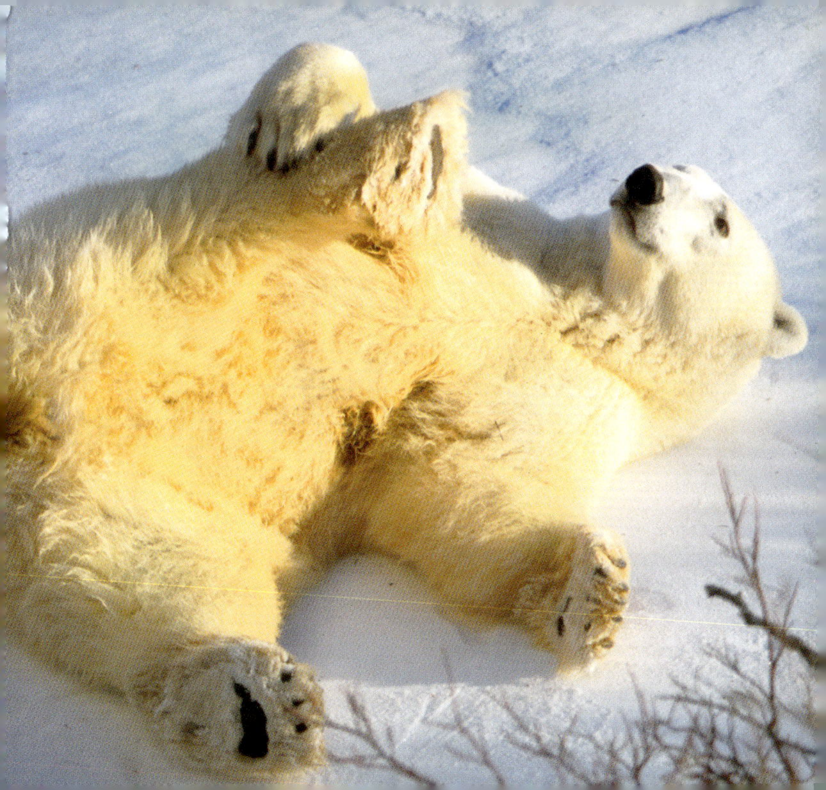

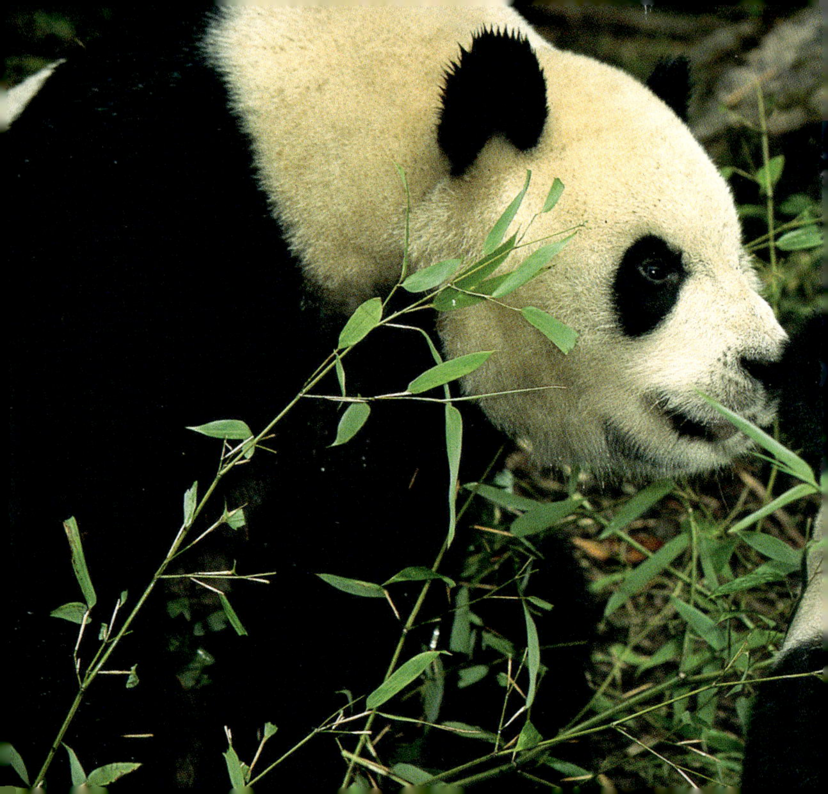

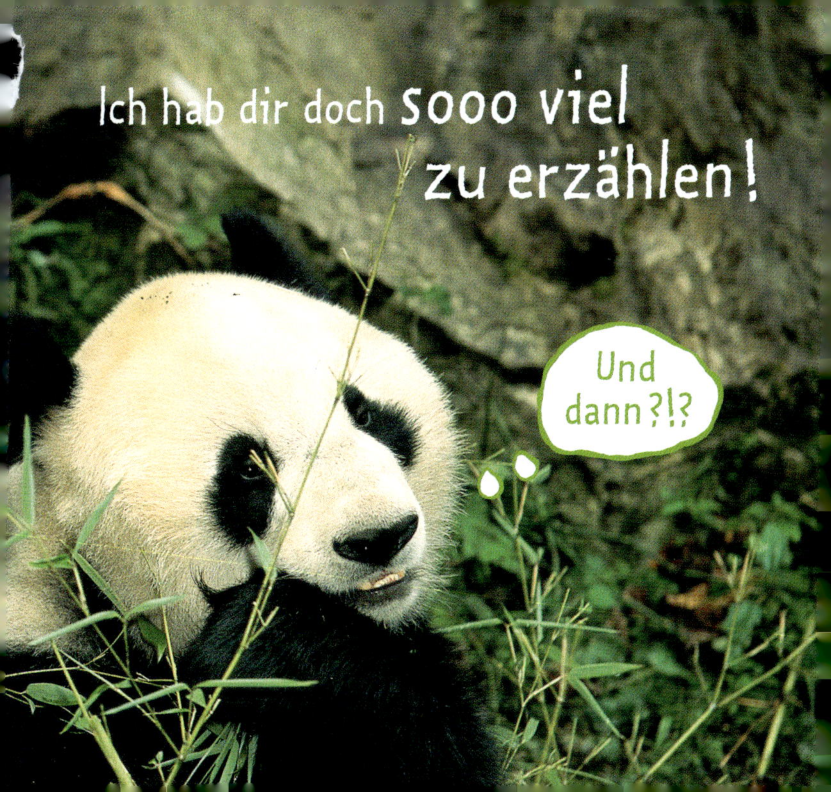
Ich hab dir doch sooo viel zu erzählen!
Und dann?!?

Plansch ...

Mit dir zusammen bin ich tierisch gut drauf!

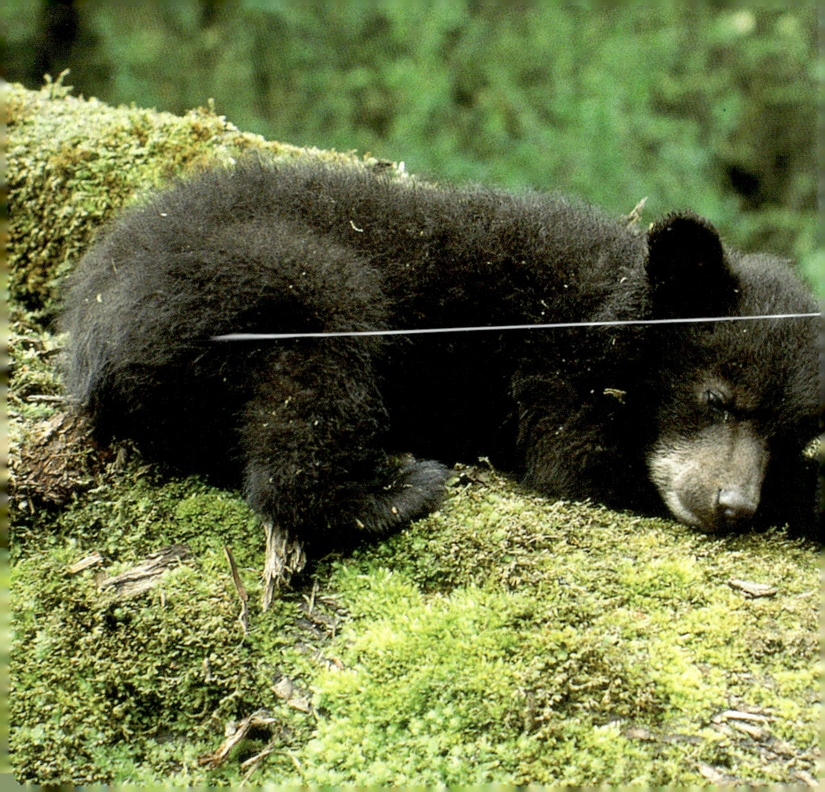

Ich kann dich einfach nicht entBÄRen!

Ich kann's nicht erwarten, dich ganz bald wiederzusehen!

Tierisch liebe Grüße!

Titel aus der Reihe **Ich denk an dich**:

Tierisch liebe Grüße (ISBN 3-89009-700-0)

Affenstarke Geburtstagswünsche
(ISBN 3-89008-592-X)

Du bist einfach klasse! (ISBN 3-89008-375-7)

Tierisch lieben Dank (ISBN 3-89008-365-X)

Kopf hoch! (ISBN 3-89008-366-8)

Bärig liebe Wünsche für dich
(ISBN 3-89008-364-1)

Du weißt gar nicht, wie lieb ich dich hab
(ISBN 3-89008-363-3)

Ich drück dir fest die Daumen
(ISBN 3-89008-373-0)

Sauviel Glück für dich (ISBN 3-89008-372-2)

Bei dir fühl ich mich pudelwohl
(ISBN 3-89008-374-9)

Idee und Konzept: Groh Verlag.
Das Werk einschließlich seiner Teile ist urheberrechtlich geschützt. Jede Verwertung außerhalb der engen Grenzen des Urheberrechtsgesetzes ist ohne Zustimmung des Verlages unzulässig und strafbar. Das gilt insbesondere für Kopien, Einspeicherung und Verarbeitung in elektronischen Systemen.

Bildnachweis:

Titel, Rückseite u. S. 3: Juniors Bildarchiv/
E. u. P. Bauer;
S. 5: Mauritius/SuperStock;
S. 6/7: Mauritius/China Span;
S. 9: Jo Overholt/Alaska Stock/SAVE;
S. 10/11 u. 20/21: Mauritius/China Span;
S. 12/13: Okapia/Alaska Stock/Tom Soucek;
S. 14/15: Zefa/W. Wisniewski;
S. 17 u. 42/43: Mauritius/age fotostock/
Martin Rugner;
S. 19: Mauritius/age fotostock/Fritz Poelking;
S. 23: Arco Images/P. Frischknecht;
S. 24/25: John Warden/Alaska Stock/SAVE;
S. 27: Image State/K. Ward/Premium;
S. 28/29: Arco Images/R. Hicker;
S. 30/31: Mauritius/Stock Image;
S. 32/33 u. 46/47: Mauritius/Steve Bloom Images;
S. 34/35: Zefa/T. Allofs;
S. 37: Arco Images/F. Moellers;
S. 39: Okapia/Ernest Manewal;
S. 40/41: IFA-Bilderteam/NHPA;
S. 44/45: Stock Image/First Light/Premium.

ISBN 3-89008-700-0
© 2005 Groh Verlag GmbH & Co. KG
www.groh.de